Español
Primaria

Conforme a la Reforma
Integral de Educación Básica (RIEB), SEP

Fátima Camacho Ramírez

editores mexicanos unidos, s. a.

Colección
Librería
Serie Escolar

D. R. © Editores Mexicanos Unidos, S. A.
Luis González Obregón 5, Col. Centro.
Cuauhtémoc, 06020, D. F.
Tels. 55 21 88 70 al 74
Fax: 55 12 85 16
editmusa@prodigy.net.mx
www.editmusa.com.mx

Diseño de portada: Carlos Varela
Ilustración de interiores: Esther Aguilar

Miembro de la Cámara Nacional
de la Industria Editorial. Reg. Núm. 115.

1a edición: enero de 2012
1a reimpresión: enero de 2013
ISBN (título)   978-607-14-0798-6
ISBN (colección)   978-968-15-0801-2

Impreso en México
Printed in Mexico

ISBN 978-607-14-0798-6

9 786071 407986

Presentación

Al igual que en Español 1, este cuaderno de trabajo está basado en las competencias del Programa Oficial de la Secretaria de Educación Pública (SEP) Recordemos cuáles son:

* ★ Ámbito de Estudio.
* ★ Ámbito de Literatura.
* ★ Ámbito de Participación social y comunitaria.

Aquí encontrarás actividades que te ayudarán a aprender eficientemente, con leyendas, adivinanzas, cuentos, cuestionarios, sopas de letras, canciones, y muchas otras que harán del aprendizaje algo muy divertido.

Al inicio de cada bloque te presentamos una lista de los conocimientos que vas a adquirir; así podrás saber cuánto has progresado con las evaluaciones que vienen al final, en las que responderás algunas preguntas sobre los temas que acabas de aprender.

Si ya estás listo, cámbiale a la página y prepárate para un recorrido muy entretenido.

¿Qué hay en mi libro?

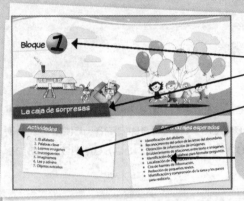

Título y número del bloque

Secciones por bloque

Listado del aprendizaje esperado

Actividades como: lecturas, cuestionarios, adivinanzas, sopas de letras, etcétera

Divertidas ilustraciones

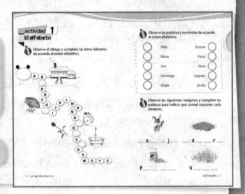

Evaluaciones por bloque

Sección de Recortables

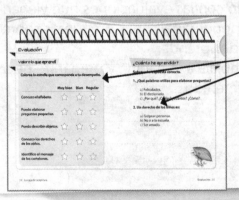

Hay muchas cosas que hacer en este libro: recortar, pegar y dibujar, entre muchas otras; para ello necesitarás contar con estos materiales:

Lápiz

Colores (rojo, azul y los que te gusten)

Pegamento

Tijeras

Cartulinas

Diccionario

Periódicos y revistas para recortar

Material para decorar

En cuanto los consigas, ¡manos a la obra! Puedes comenzar a resolver los desafíos de Español 2.

Índice

Bloque 1

La caja de sorpresas

Actividades

Bloque 2

Causa y efecto

Actividades

Bloque 3

El campo y la ciudad

Actividades

Bloque **4**

¿Cómo y qué sentimos?

Actividades

Bloque **5**

La diversidad es divertida

Actividades

Recortables

Bloque 1

La caja de sorpresas

Actividades

1. El alfabeto
2. Palabras clave
3. Leamos imágenes
4. Investiguemos
5. Imaginemos
6. Lee y adivina
7. Objetos extraños

Aprendizajes esperados

★ Identificación del alfabeto.
★ Reconocimiento del orden de las letras del abecedario.
★ Obtención de información de imágenes.
★ Establecimiento de relaciones entre texto e imágenes.
★ Identificación de las palabras para formular preguntas.
★ Localización de información sencilla.
★ Cita de fuentes de información.
★ Redacción de pequeños textos.
★ Identificación y comprensión de la tarea y los pasos para realizarla.

Actividad 1
El alfabeto

Observa el dibujo y completa las letras faltantes de acuerdo al orden alfabético.

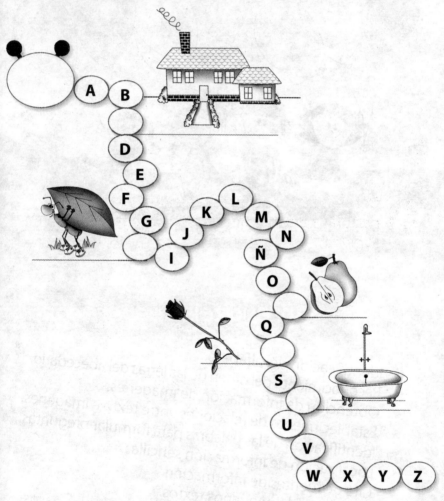

Observa las palabras y numéralas de acuerdo al orden alfabético.

◯	Silla	Enano	◯
◯	Mesa	Foca	◯
◯	Aro	Vaca	◯
◯	Hormiga	Zapato	◯
◯	Dado	Jirafa	◯

 Observa las siguientes imágenes y completa las palabras para indicar qué animal consume cada alimento.

___ o ___ ___ j ___   ___ á ___ ___ r ___

P___ ___ ___ ___   V___ ___ ___ ___

Palabras clave

Hay palabras específicas que pueden ayudarnos en la búsqueda de información. Subraya con rojo las que identifiques.

Cómo   Cuento

            Lunes

    Sapo   Manzana

        Por qué

                        Cuáles

    Qué   Burro

        Tenedor   Dónde

Ola   Cuántos   Goma

Estas palabras claves usadas para la búsqueda de información, siempre van acompañadas de signos de interrogación. Con color azul, colócalos en las palabras que subrayaste.

Actividad 3
Leamos imágenes

 Observa el cartelón y contesta las siguientes preguntas.

1. ¿De qué trata el cartelón?

_____

2. ¿Cuántos son los derechos de los niños?

_____

3. ¿Quiénes son responsables de que se cumplan los derechos de los niños?

_____

4. ¿Consideras que falta algún derecho?, ¿cuál es?

_____

Elabora un dibujo del derecho que consideres más importante en tu vida.

Actividad 4

Investiguemos

Dibuja un perro en el recuadro o pega un recorte de él.

Completa los datos que se te piden. Para ello, consulta una fuente de información impresa.

La raza a la que pertenece es: _____

Se alimenta de: _____

Las características principales de este tipo de perro son:

_____

_____

El tipo de clima en el que debe vivir es:

_____

Para mantener sana su piel y pelaje es necesario:

_____

Completa la ficha bibliográfica de la fuente impresa que consultaste para obtener la información anterior.

Ficha bibliográfica

Fuente que consulté: _____

Título de la fuente: _____

Autor: _____

Año: _____

Si consultaste fuentes adicionales, anótalas aquí:

_____

_____

_____

_____

_____

_____

_____

Actividad **5**

Imaginemos

A continuación encontrarás algunos objetos cono-
cidos a los que es necesario encontrarles palabras
referentes a su utilidad y características. Escríbelas.

_____

_____   _____

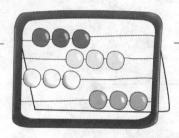

_____   _____

_____

_____   _____

_____   _____

Actividad 6
Lee y adivina

 Es redonda, jugosa, anaranjada, su piel es rugosa, la consumimos usualmente en jugo y es rica en vitamina C.

Dibuja en el recuadro la respuesta.

Elige un objeto y elabora su descripción. Luego léela a tus compañeros, para que descubran de qué se trata.

_____

_____

_____

_____

_____

Actividad 7

Objetos extraños

En una caja de cartón, junta una serie de objetos del salón. Ciérrala y reúne a tu grupo en círculo.

Instrucciones: la caja de los objetos se colocará fuera del círculo y uno de los compañeros seleccionará un objeto que observará detenidamente y luego dejará dentro de la caja. Después regresará al círculo a describir el objeto. Sus compañeros tratarán de adivinar de qué objeto se trata.

Reglas

- Sólo una persona pasará a la caja. La maestra del grupo la supervisará.
- Para hablar, todos tienen que esperar su turno y respetar el de los demás.

Describe lo que pasó durante la actividad.

_____

_____

_____

¿Adivinaron los objetos que eran descritos?

_____

_____

_____

¿Tuviste alguna dificultad para identificar los objetos?

_____

_____

_____

¿Cuál fue?

_____

_____

_____

Valoro lo que aprendí

Colorea la estrella que corresponda a tu desempeño.

	Muy bien	Bien	Regular
Conozco el alfabeto.	☆	☆	☆
Puedo elaborar preguntas pequeñas.	☆	☆	☆
Puedo describir objetos.	☆	☆	☆
Conozco los derechos de los niños.	☆	☆	☆
Identifico el mensaje de los cartelones.	☆	☆	☆

¿Cuánto he aprendido?

Subraya la respuesta correcta.

1. ¿Qué palabras utilizo para elaborar preguntas?
   a) Felicidades.
   b) El diccionario.
   c) ¿Por qué? ¿Cuáles? ¿Cuántos? ¿Cómo?

2. Un derecho de los niños es:
   a) Golpear personas.
   b) No ir a la escuela.
   c) Ser amado.

Bloque 2

Causa y efecto

Actividades

Aprendizajes esperados

★ Redacción de procesos completos.
★ Reconocimiento de eventos aislados.
★ Lectura de textos en voz alta, respetando la puntuación.
★ Establecimiento de la relación entre el mensaje de un texto y su vida.
★ Comprensión de la importancia de seguir las instrucciones de sus mayores.
★ Identificación de los elementos de una noticia y redacción de una.

Actividad **1**

Me lavo los dientes

 Observa las imágenes y completa la información
de acuerdo a cómo lavas tus dientes.

_____

_____

_____

_____

_____

_____

_____

_____

_____

_____

Actividad 2

Dime cómo...

Los animales, las plantas y las estrellas tienen un proceso de crecimiento. A continuación, te presentamos una tabla en la que puedes ver el crecimiento de un gallo. Completa la información y dibuja la imagen que falta.

Etapa	Datos	Imágenes
1	La primera etapa es un huevo que debe ser cuidado y conservar cierta temperatura.	
2		
3	Un gallo se caracteriza por una cresta pronunciada y un canto vigoroso.	

En las siguientes tablas, documenta el proceso que se te pide.

Procesos de crecimiento:

Etapa 1

Datos

Imagen

El huevo: _____

_____

_____

_____

Etapa 2

Datos

Imagen

La oruga: _____

_____

_____

_____

Etapa **3**

Datos

Imagen

La crisálida: _____

_____

_____

_____

_____

Bloque 2

Etapa **4**

Datos

Imagen

La mariposa: _____

_____

_____

_____

_____

Actividad 3

Aprendamos de un cuento

Lee el siguiente relato:

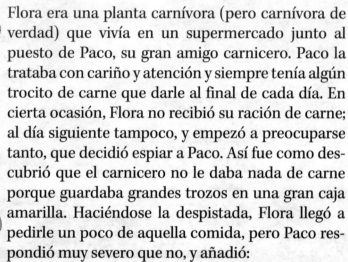

Flora era una planta carnívora (pero carnívora de verdad) que vivía en un supermercado junto al puesto de Paco, su gran amigo carnicero. Paco la trataba con cariño y atención y siempre tenía algún trocito de carne que darle al final de cada día. En cierta ocasión, Flora no recibió su ración de carne; al día siguiente tampoco, y empezó a preocuparse tanto, que decidió espiar a Paco. Así fue como descubrió que el carnicero no le daba nada de carne porque guardaba grandes trozos en una gran caja amarilla. Haciéndose la despistada, Flora llegó a pedirle un poco de aquella comida, pero Paco respondió muy severo que no, y añadió:

—¡Ni se te ocurra, Flora! No toques la carne de esa caja.

La planta se sintió dolida, además de hambrienta, y no dejaba de pensar para quién podría estar reservando el carnicero aquellas delicias. Con sus malos pensamientos se fue llenando de rabia y de ira, y aquella misma noche, cuando no quedaba nadie en la tienda, llegó a la caja, la abrió y comió carne hasta ponerse morada...

A la mañana siguiente, justo cuando llegó Paco y descubrió el robo, Flora comenzó a sentirse fatal. Su amigo le preguntó varias veces si había sido ella quien había cogido la carne, y aunque comenzó negándolo, al ver la preocupación y el nerviosismo del carnicero, decidió confesar.

—¿Pero qué has hecho, imprudente? —estalló Paco— ¡Te dije que no la tocaras! ¡Toda esa carne estaba envenenada! Por eso llevo días sin poder darte nada, porque nos enviaron un cargamento estropeado...

A la carrera, tuvieron que ir a buscar un botánico-veterinario con un invernadero-hospital que pudo por poco salvar la vida de Flora, quien se pasó las siguientes dos semanas con grandes dolores de raíces y cambios de colores en las hojas. El susto fue muy grande para todos, pero al menos la planta aprendió que obedecer las normas puestas por quienes más nos quieren es mucho más seguro que obrar por nuestra cuenta.

Pedro Pablo Sacristán
http://cuentosparadormir.com
/infantiles/cuento/la-planta-
carnivora-y-el-carnicero

Contesta las siguientes preguntas:

1. ¿Quiénes son los personajes principales del cuento?

   _____

2. ¿Qué sintió y pensó Flora cuando ya no recibió alimento de Paco?

   _____

   _____

3. El hecho de que Flora fuera a revisar la caja y se comiera la carne quiere decir:

   _____

   _____

4. ¿Qué intención tenía Paco al no darle carne a Flora?

   _____

5. ¿Qué consecuencia tuvo Flora por su mal pensamiento y su falta de confianza hacia Paco?

   _____

   _____

6. Menciona una regla que te hayan puesto las personas que te aman. ¿Te cuesta trabajo seguirla? ¿Por qué?

_____

_____

7. Después de leer esta historia, ¿qué opinión tienes de las reglas que te ponen las personas que te aman?

_____

_____

8. Elabora un dibujo de aquella indicación o regla que pienses que todo niño debe respetar.

Juguemos con las palabras

 Encuentra en esta sopa de letras las palabras que aparecen en la lista de abajo.

z	i	a	h	w	c	q	p	x	c	p	c	v	e	a
t	j	i	d	u	g	u	l	k	b	l	a	e	f	o
i	v	c	e	c	u	z	r	x	n	a	r	p	j	g
t	q	n	l	a	s	b	x	u	f	n	n	j	g	t
n	t	e	l	y	k	m	e	i	h	t	e	w	s	q
o	c	i	s	z	c	q	j	p	a	a	e	o	u	m
v	w	d	y	s	a	m	r	o	n	c	n	i	t	y
g	h	e	c	l	i	t	f	d	z	a	v	w	j	m
s	q	b	v	e	r	b	k	o	x	r	e	o	l	c
f	g	o	u	m	d	n	y	z	a	n	n	h	x	p
e	n	f	e	r	m	e	d	a	d	i	e	x	a	b
u	d	f	l	o	r	a	k	i	m	v	n	j	f	h
p	l	g	k	w	l	a	c	y	x	o	a	d	h	p
r	b	q	v	i	t	z	n	f	u	r	d	j	c	y
e	l	a	u	i	p	a	c	o	c	a	a	n	o	r

1. Normas

2. Cuento

3. Flora

4. Planta carnívora

5. Obediencia

6. Paco

7. Carne envenenada

8. Enfermedad

Actividad 5
Ordena las imágenes

Actividad 6

Mis noticias

 Recorta dos noticias del periódico. Colócalas donde se indica.

Noticia de deporte de la sección de deportes

Noticia de la sección principal

Marca los elementos que están presentes en ambas noticias y completa la información.

Noticia de deportes

(   ) Fecha _____

(   ) Título _____

_____

(   ) Texto _____

_____

(   ) Imágenes

Noticia de la sección principal

(   ) Fecha _____

(   ) Título _____

_____

(   ) Texto _____

_____

(   ) Imágenes

Recuerda el festejo del cumpleaños que más te haya gustado. Trata de recordar tu pastel, la comida, si tuviste alguna piñata, si lo pasaste con tu familia. Luego elabora una noticia de ese evento.

Título o encabezado

_____

_____

_____

_____

_____

_____

_____

_____

_____

_____

_____

_____

Dibujo

Valoro lo que aprendí

Colorea la estrella que corresponda a tu desempeño.

	Muy bien	Bien	Regular
Puedo contar una historia pequeña.	☆	☆	☆
Puedo sacar información de un cuento.	☆	☆	☆
Puedo buscar noticias en las diferentes secciones del periódico.	☆	☆	☆
Sé cómo encontrar a los personajes principales de un cuento.	☆	☆	☆
Redacto una noticia.	☆	☆	☆

¿Cuánto he aprendido?

Subraya la respuesta correcta.

1. ¿Cuáles son los elementos de una noticia?
    a) Números y letras.
    b) Texto, encabezado, fecha e imágenes.
    c) Recortes y dibujos.

2. Las fases de crecimiento de una mariposa son:
    a) Nace, crece y se muere.
    b) Huevo y mariposa.
    c) Huevo, oruga, crisálida y mariposa.

3. ¿Cuál es el contenido de una noticia?
    a) Narra un hecho que ya pasó.
    b) Establece una invitación.
    c) Anuncia ofertas.

Bloque 3

El campo y la ciudad

Actividades

Aprendizajes esperados

★ Reconocimiento de los elementos que debe tomar en cuenta para comunicarse correctamente por escrito.
★ Reconocimiento de las características de su entorno.
★ Análisis y asociación de texto e imágenes.
★ Comprensión de que todos los medios impresos tienen un mensaje específico.
★ Integración de texto e imágenes para comunicar ideas.
★ Empleo correcto de los signos de interrogación.

La **r** y la **rr**

Lee las oraciones y, de acuerdo al uso de la **r** y la **rr**, colorea el cuadro correcto de las letras faltantes.

	r	rr
Los payasos me dan _____ isa.	r	rr
Papá maneja su ca _____ o con alegría.	r	rr
El agua del a _____ oyo está tibia.	r	rr
Me gusta comer a _____ oz.	r	rr
Las _____ uedas de mi bicicleta son pequeñas.	r	rr
El fie _____ o es un metal pesado.	r	rr
Las flo _____ es necesitan agua.	r	rr
En el pa _____ que hay juegos.	r	rr
El auto co _____ e a 100 kilómetros por hora.	r	rr

Actividad 2

Signos de interrogación

 Coloca los signos de interrogación en donde corresponda de forma obligatoria.

_____ No ha dejado de llover _____

_____ Cuántos años tienes _____

_____ Ya terminé la tarea _____

_____ Cómo hago una suma _____

_____ Dónde están mis zapatos _____

_____ Ayer estábamos en la playa _____

_____ Necesitamos pegamento _____

_____ Vamos por la avenida principal _____

_____ Por qué se contagian las enfermedades _____

Actividad 3

La ciudad

En la ciudad existen objetos y lugares que no vemos en el campo. En el siguiente recuadro encontrarás una serie de imágenes. Obsérvalas bien y encierra en un círculo rojo aquellas que pertenecen a la ciudad.

Ahora observa las siguientes imágenes de medios de transporte y colorea sólo aquellas que corresponden al campo.

Actividad 4
En el campo

Los medios de transporte y los animales son diferentes a los de la ciudad. Colorea el paisaje; ve a la página 89, recorta los objetos y pégalos donde corresponda.

Actividad **5**

Yo vivo en...

1. El lugar en donde vivo se llama:

_____

2. Está ubicado en:

_____

3. Nosotros utilizamos como medio de transporte:

_____

4. Los animales que comúnmente veo son:

_____

Elabora un dibujo del lugar en donde vives, o si lo prefieres, pega una foto.

Actividad 6

Analicemos un cartelón

Observa el cartelón y contesta las preguntas.

Planta un árbol

SALVEMOS EL PLANETA

CAMPAÑA
2010-2011

1. ¿Cuál es el tema del cartelón?

_____

_____

2. ¿Tiene imágenes? ¿Qué nos transmiten?

_____

_____

3. ¿El cartelón especifica alguna fecha? ¿Cuál?

_____

4. ¿El cartelón vende algo?

_____

5. ¿El cartelón promueve algún valor o acción?

_____

_____

6. ¿Existe relación entre el título y las imágenes? ¿Cuál?

_____

_____

7. ¿Qué colores combinarías en el cartelón?

_____

_____

Bloque 3

Yo pienso que...

 Coloca el texto que falta de acuerdo a lo que pienses que desea transmitir la imagen.

Título:

Mensaje:

Acciones:

Actividad 8

Mis anuncios

Recorta los anuncios publicitarios de la sección de **Recortables** de la página 91 y crea un texto para cada uno de ellos.

Bloque 3

Valoro lo que aprendí

Colorea la estrella que corresponda a tu desempeño.

	Muy bien	Bien	Regular
Escribo correctamente la r y la rr.	☆	☆	☆
Formulo preguntas.	☆	☆	☆
Empleo signos de interrogación.	☆	☆	☆
Comprendo el mensaje de los cartelones.	☆	☆	☆
Conozco las principales características de la ciudad y el campo.	☆	☆	☆

¿Cuánto he aprendido?

Subraya la respuesta correcta.

1. Los medios de transporte de la ciudad son:
   a) Caballos.
   b) Autos.
   c) Camiones, autos, aviones, metrobús.

2. ¿Cuál es la diferencia entre un cartelón y un anuncio publicitario?
   a) Las imágenes.
   b) El cartelón promueve actitudes y el anuncio promueve artículos.
   c) Los colores.

Bloque 3

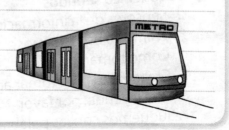

Bloque 4

¿Cómo y qué sentimos?

Actividades

Aprendizajes esperados

- ★ Reconocimiento de los cinco sentidos.
- ★ Comprensión de que el cuerpo recibe información de diferentes tipos.
- ★ Ejercitación de la acción de escuchar y comprensión de que es una herramienta de aprendizaje.
- ★ Desarrollo de la habilidad para tomar notas cortas.
- ★ Identificación de diferentes tipos de textos.
- ★ Asociación de significados a diferentes signos.

Actividad 1

Los cinco sentidos

Has notado que tu cuerpo percibe sonidos, sabores, olores y sensaciones. ¿Cómo sucede esto?

Con una línea, une los sentidos al cuerpo de manera correcta.

Recorta de revistas o periódicos objetos relacionados con los cinco sentidos, como un perfume, un pastel o unas flores para el olfato. Una vez que encuentres todos los recortes, pégalos en donde corresponde.

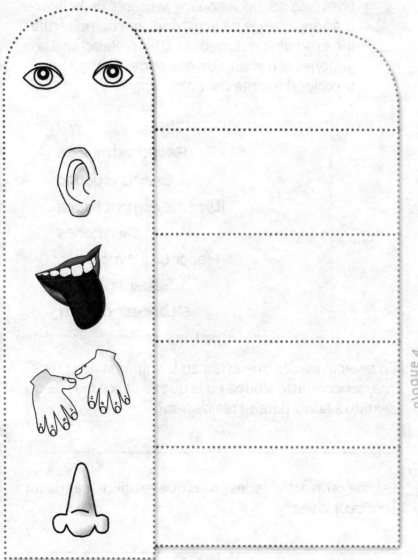

Bloque 4

Actividad 2

Los sensores de la información

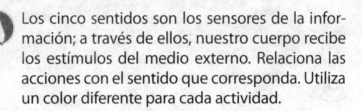 Los cinco sentidos son los sensores de la información; a través de ellos, nuestro cuerpo recibe los estímulos del medio externo. Relaciona las acciones con el sentido que corresponda. Utiliza un color diferente para cada actividad.

Escuchar música

Leer un cuento

Utilizar la computadora

Oler flores

Hacer una exposición

Hacer un dibujo

Saborear comida

En las actividades que están en la columna de la derecha, ¿encontraste alguna en la que se utilice más de un sentido a la vez para su realización?

_____

Escribe otras actividades en las que se utilice más de un sentido a la vez:

_____

Actividad 3

¿Oímos o escuchamos?

Oír y escuchar no es lo mismo. En algunas ocasiones oímos pero no escuchamos; oímos los ruidos y sonidos porque nuestros oídos están hechos para ello. Cuando escuchamos, existe en nosotros la voluntad y la intención de atender a un sonido específico o a una persona que nos habla.

Observa las imágenes y escribe si los personajes oyen o escuchan, y explica por qué.

Toda la tarea está en inglés y no entiendo unas palabras.

Ajá...

Tengo que preguntarle.

Lo que quieres saber es si...

Bloque 4

Actividad 4

Cómo tomar apuntes

La acción de escuchar es una buena herramienta para que tú aprendas, ya que en la escuela la comunicación entre el maestro y tú se realiza a través del lenguaje.

Cuando el maestro explica, tu labor es anotar lo más importante. Para seleccionar la información, necesitas escuchar, no sólo oír.

Practiquemos:
Utiliza tu imaginación y los siguientes signos para completar los enunciados.

Signos:

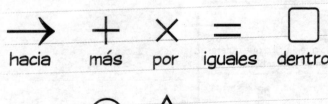

→	+	×	=	☐
hacia	más	por	iguales	dentro

○	△
niñas	niños

Completa con los signos anteriores.

1. Los _____ son _____

   fuertes que las _____.

2. En el salón hay más _____ que

   _____.

3. _____ la mañana, las

   _____ van a clase de ballet.

4. Los derechos de los _____ y las

   _____ son _____.

Ahora crea algunas frases, utilizando los signos
que aprendiste.

1. _____

   _____

2. _____

   _____

Bloque 4

Actividad 5

Creatividad para tomar apuntes

Crea tus propios signos para tomar apuntes y anota su significado. Trata de elegir los signos de acuerdo a palabras que utilices frecuentemente en las clases.

Con los signos que creaste, arma algunas frases.

_____

_____

_____

_____

Actividad 6
Una leyenda, por favor

Lee las siguientes leyendas.

El señor que vivió con una bruja

Había una vez un señor que se enamoró de una muchacha muy bonita, pero cierto día se fue a tomar cervezas con sus compadres, quienes le dijeron que su novia era una bruja que en la noche se convertía en diferentes animales. Le aconsejaron que la espiara para comprobar esto.

El señor quería hacer lo que le dijeron, pero el sueño lo venció y se quedó dormido. Entonces fue a ver a una señora que era bruja. Ella le dijo que para ver a su novia se pusiera un escapulario y que cuando la muchacha se quitara el cuero de mujer, al cuero le echara sal. Esa noche, el señor hizo lo que le dijo, y cuando la muchacha se levantó, la siguió hasta un árbol de aguacate. Ahí, ella se quitó el cuero de mujer y se convirtió en lechuza.

Bloque 4

El señor esperó a que se alejara; cuando el animal se fue, el señor le echó sal al cuero. Cuando la muchacha regresó y se lo puso, empezó a revolcarse y a llorar.

Se cuenta que cuando la gente pasa por ese lugar, se aparece la muchacha revolcándose y llorando de dolor.

Terror en la carretera

Una de las historias populares más macabras es la que hace referencia a un conductor que en el último momento decide no recoger a un viajante.

Generalmente el narrador comienza diciendo: "¿Te conté lo que le ocurrió a mi amigo? Bueno, de hecho fue a su primo...". Y continúa así:

Un automovilista iba conduciendo por la carretera, cuando vio a un hombre joven con el pulgar levantado. Al disminuir la velocidad para recogerlo, quedó consternado al ver que detrás de los arbustos de la carretera se asomaron dos o tres compañeros suyos.

Considerando quizá que estaban abusando de su generosidad, o tal vez alarmado ante la posibilidad de que se tratara de una banda de ladrones, el conductor decidió, en el último momento, no recogerlos. Los viajantes se encontraban ya bastante cerca del coche, pero el conductor pisó el

acelerador a fondo y se alejó tan rápido como pudo. Los viajantes parecían enojados: gritaban y chillaban mientras el automovilista se alejaba.

Feliz de haber logrado escapar a tiempo, el conductor siguió su camino unos kilómetros sin detenerse. Después, al comprobar que el indicador de la gasolina se acercaba al cero, se paró en una estación de servicio.

Acto seguido, observó que el operario de la estación de servicio, lívido como la cera, se apartó horrorizado del coche. El conductor bajó para ver qué era lo que pasaba, y quedó paralizado de horror ante lo que vieron sus ojos. Atrapados en una de las manijas de la puerta había cuatro dedos humanos.

Fuente: www.mitos-mexicanos.com
/leyendas-de-terror
/terror-en-la-carretera.html

Responde las siguientes preguntas.

1. ¿Qué fue lo más entretenido en estas leyendas?

_____

_____

_____

_____

2. ¿Alguna de las dos historias te habla de situaciones irreales? ¿Cuál y por qué?

_____

_____

_____

3. ¿Notas alguna diferencia entre el texto de un cuento y el de una leyenda?

_____

_____

_____

Actividad 7

Juguemos con las palabras

Encuentra en esta sopa de letras las palabras que aparecen en la lista.

s	j	l	q	y	s	p	u	o	a	a	t	v	o	m
c	u	e	n	t	o	g	s	j	y	x	a	s	g	e
a	q	s	h	k	u	v	b	h	k	l	v	v	y	e
w	b	j	j	b	w	o	a	r	a	n	k	l	v	t
w	m	l	h	i	r	k	d	j	f	d	e	s	r	r
x	v	w	p	i	u	a	e	w	y	y	b	t	v	y
j	w	t	g	t	a	l	b	t	e	z	m	n	z	y
l	t	b	i	m	a	g	i	n	a	c	i	o	n	c
w	d	w	q	r	b	i	d	n	m	y	d	m	m	g
h	g	j	o	n	z	a	c	x	m	v	a	t	k	v
c	b	m	j	s	b	x	r	c	f	c	r	v	k	s
h	i	t	v	u	l	j	w	t	y	t	u	z	m	w
l	a	e	r	r	i	e	j	a	n	o	s	r	e	p
v	i	z	w	t	y	m	u	v	h	h	e	n	d	n
e	j	a	z	i	d	n	e	r	p	a	t	k	c	y

1. Cuento

2. Moraleja

3. Aprendizaje

4. Leyenda

5. Personaje irreal

6. Imaginación

Evaluación

Valoro lo que aprendí

Colorea la estrella que corresponda a tu desempeño.

	Muy bien	Bien	Regular
Conozco los cinco sentidos del cuerpo humano.	☆	☆	☆
Comprendo la diferencia entre escuchar y oír.	☆	☆	☆
Utilizo signos para tomar apuntes.	☆	☆	☆
Escucho a mis compañeros y a la maestra.	☆	☆	☆
Distingo un cuento de una leyenda.	☆	☆	☆

¿Cuánto he aprendido?

Subraya la respuesta correcta.

1. ¿Cuál es la diferencia entre escuchar y oír?
   a) El lugar en donde se platica.
   b) La intensidad del sonido.
   c) La intención de escuchar y entender a los demás.

2. ¿Qué cualidades debe tener un texto para considerarse cuento?
   a) Letra grande.
   b) Historia y desenlace.
   c) Personajes.

3. ¿Qué cualidades debe tener un texto para considerarse leyenda?
   a) Palabras graciosas.
   b) Narrar acontecimientos irreales.
   c) Letras e imágenes.

Bloque 4

Bloque 5

La diversidad es divertida

Actividades

1. La diversidad de nuestro país
2. Cantemos en lenguas
3. Organicemos los objetos
4. Registro de objetos
5. Juguemos con las palabras
6. Pertenecen a...

Aprendizajes esperados

* ★ Comprensión del significado de diversidad.
* ★ Conocimiento de diferentes lenguas indígenas del país.
* ★ Clasificación de objetos.
* ★ Establecimiento de categorías.
* ★ Realización de investigaciones sencillas.
* ★ Lectura en voz alta.
* ★ Establecimiento de acuerdos en grupo.

Actividad 1

La diversidad de nuestro país

En México existe una riqueza cultural que podemos notar porque en cada estado aún se conservan lenguas prehispánicas como:

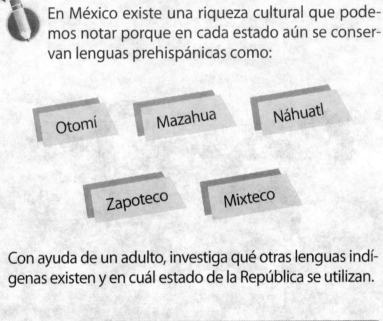

Otomí

Mazahua

Náhuatl

Zapoteco

Mixteco

Con ayuda de un adulto, investiga qué otras lenguas indígenas existen y en cuál estado de la República se utilizan.

_____

_____

_____

_____

_____

_____

Actividad 2

Cantemos en lenguas

A continuación se presenta una estrofa del Himno Nacional.

Mexicanos, al grito de guerra,
el acero aprestad y el bridón,
y retiemble en sus centros la tierra,
al sonoro rugir del cañón;
y retiemble en sus centros la tierra,
al sonoro rugir del cañón.

A continuación encontrarás esta misma estrofa en diferentes lenguas. Trata de cantarlas con tu grupo.

Cora de Jesús María

Mejícaanu santijiihua saj unya'use'en, tyapuusti''i
sete'itya'ütüma'a, sajta cahuaayu'usi jetze save'etya'a.
Tyamua'a pu ti''ityaujcatzaa a'ame ü chuej japua tü'üj
namuajra'a tü ti''itatzi''inyen.
Tyamua'a pu ti''ityaujcatzaa a'ame ü chuej japua tü'üj
namuajra'a tü ti''itatzi''inyen.

Bloque 5

Chontal de Tabasco

Ajcäbnajob cola tä jo'yanla,
Ch'ä a tz'ombala läcä ta' pechquemla;
U xe u nicän uba entero u pancab
Uc'a ni ruido u chen noj cañon.
U xe u nicän uba entero u pancab
Uc'a ni ruido u chen noj cañon.

Mixteco de San Miguel el Grande

Châa Ñuû Côhyo, satûha ró ruatáhán ró,
Coo yachî ro jîin nujîi jîin cuayú.
Ondê chîi ñuhun táan cáhndi;
Jaa te xaân cúu jîin nujîi cáhnu.
Ondê chîi ñuhun táan cáhndi;
Jaa te xaân cúu jîin nujîi cáhnu

Otomí del valle del Mezquital

Ra Thuhu pa gatho ya Me'manda
Me'manda bu ts'ohn'i gui ntuhni,
Hñocju 'bu co ri nzafi ne ri fanihu.
Gue dá nhuat'i mbo ja ra ximhai,
De yá ngani ya danga nzafi.

¿Cuál de estas lenguas fue más difícil de cantar?

_____

_____

Actividad 3

Organicemos objetos

En el recuadro encontrarás diversos objetos;
obsérvalos y contesta las preguntas.

1. ¿Qué tienen en común estos objetos?

_____

2. ¿Cómo están organizados?

_____

_____

Bloque 5

Actividad 4
Registro de objetos

En la siguiente tabla, registra todos los objetos de acuerdo al tipo de material del que están hechos.

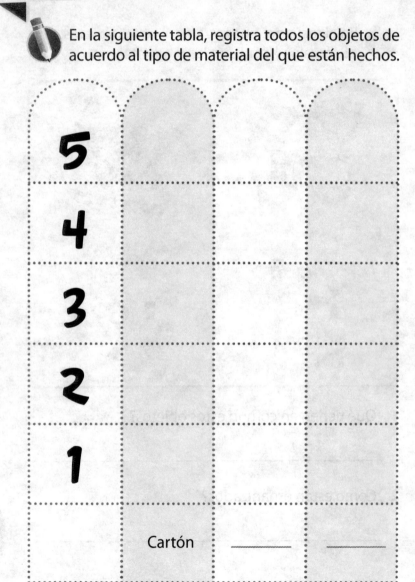

5			
4			
3			
2			
1			
	Cartón	_____	_____

Actividad 5

Juguemos con las palabras

 Lee las oraciones y complétalas con las imágenes de la pág. 91 de la sección de **Recortables**.

1. Una palabras larga es:

_____

2. Una palabra corta es:

_____

3. Una palabra divertida es:

_____

Completa las siguientes frases con ayuda de tus abuelos o de una persona mayor:

1. Un remedio para la tos: _____

_____

2. Un dulce: _____

3. Una palabra graciosa: _____

4. Un juego de la infancia: _____

5. Un platillo tradicional: _____

_____

6. El nombre de un cuento: _____

_____

Actividad 6
Pertenecen a...

En esta actividad, te presentamos tres columnas con diferentes objetos. Obsérvalas bien y en la parte superior de cada columna escribe el título que debería llevar.

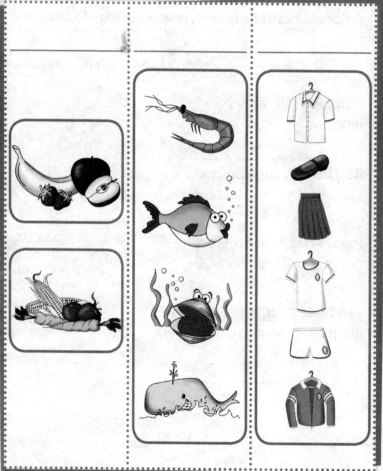

Evaluación

Colorea la estrella que corresponda a tu desempeño.

	Muy bien	Bien	Regular
Conozco diferentes lenguas.	☆	☆	☆
Realizo investigaciones.	☆	☆	☆
Puedo clasificar objetos.	☆	☆	☆
Leo textos pequeños en lenguas indígenas.	☆	☆	☆

¿Cuánto he aprendido?

Subraya la respuesta correcta.

1. Algunas lenguas indígenas son:
   a) Castellano.
   b) Otomí, Mazahua, Náhuatl.
   c) Español.

2. Que el Himno Nacional haya sido traducido a diferentes lenguas indígenas fue por respeto a:
   a) La moda.
   b) Benito Juárez.
   c) La diversidad.

Recortables

Bloque 3

Actividad 8

Bloque 5

Actividad 5

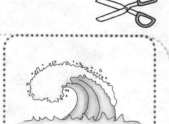

Soluciones

z	i	a	h	w	c	q	p	x	c	p	c	v	e	a
t	j	i	d	u	g	u	l	k	b	l	a	e	f	o
i	v	c	e	c	u	z	r	x	n	a	r	p	j	g
t	q	n	l	a	s	b	x	u	f	n	n	j	g	t
n	t	e	l	y	k	m	e	i	h	t	e	w	s	q
o	c	i	s	z	c	q	j	p	a	a	e	o	u	m
v	w	d	y	s	a	m	r	o	n	c	n	i	t	y
g	h	e	c	l	i	t	f	d	z	a	v	w	j	m
s	q	b	v	e	r	b	k	o	x	r	e	o	l	c
f	g	o	u	m	d	n	y	z	a	n	n	h	x	p
e	n	f	e	r	m	e	d	a	d	i	e	x	a	b
u	d	f	l	o	r	a	k	i	m	v	n	j	f	h
p	l	g	k	w	l	a	c	y	x	o	a	d	h	p
r	b	q	v	i	t	z	n	f	u	r	d	j	c	y
e	l	a	u	i	p	a	c	o	c	a	a	n	o	r

1. Normas
2. Cuento
3. Flora
4. Planta carnívora

5. Obediencia
6. Paco
7. Carne envenenada
8. Enfermedad

s	j	l	q	y	s	p	u	o	a	a	t	v	o	m
c	u	e	n	t	o	g	s	j	y	x	a	s	g	e
a	q	s	h	k	u	v	b	h	k	l	v	v	y	e
w	b	j	j	b	w	o	a	r	a	n	k	l	v	t
w	m	l	h	i	r	k	d	j	f	d	e	s	r	r
x	v	w	p	i	u	a	e	w	y	y	b	t	v	y
j	w	t	g	t	a	l	b	t	e	z	m	n	z	y
l	t	b	i	m	a	g	i	n	a	c	i	o	n	c
w	d	w	q	r	b	i	d	n	m	y	d	m	m	g
h	g	j	o	n	z	a	c	x	m	v	a	t	k	v
c	b	m	j	s	b	x	r	c	f	c	r	v	k	s
h	i	t	v	u	l	j	w	t	y	t	u	z	m	w
l	a	e	r	r	i	e	j	a	n	o	s	r	e	p
v	i	z	w	t	y	m	u	v	h	h	e	n	d	n
e	j	a	z	i	d	n	e	r	p	a	t	k	c	y

1. Cuento
2. Moraleja
3. Aprendizaje
4. Leyenda
5. Personaje irreal
6. Imaginación

Esta obra se terminó de imprimir en enero de 2013
en los talleres de Edamsa Impresiones S.A. de C.V.
Av. Hidalgo No. 111, Col. Fracc. San Nicolás Tolentino,
Del. Iztapalapa, C.P. 09850, México, D.F.